Mona von Maltzahn

Rêve bleu – Der blaue Traum
TOP-Kulturerlebnisse an der Côte d'Azur

Mit Illustrationen und Fotos der Autorin

TOP-Kulturerlebnisse an der Côte d'Azur

Rêve bleu – Der blaue Traum

Mona von Maltzahn

Coverfoto: Cap Martin

Bibliografische Information der Deutschen Nationalbibliothek:

Die Deutsche Nationalbibliothek verzeichnet diese Publikation in der Deutschen Nationalbibliografie; detaillierte bibliografische Daten sind im Internet über http://dnb.dnb.de abrufbar. Die automatisierte Analyse des Werkes, um daraus Informationen insbesondere über Muster, Trends und Korrelationen gemäß §44b UrhG („Text und Data Mining") zu gewinnen, ist untersagt.

Herstellung und Verlag:
BoD – Books on Demand, Norderstedt
ISBN: 978-3-759743787

Für die Liebhaber der Côte d'Azur

Rêve bleu – Der blaue Traum

TOP-Kulturerlebnisse an der Côte d'Azur

TOP-Kulturerlebnisse von Menton bis Saint-Tropez

Wer das Meer liebt und zugleich Kunst und Kultur schätzt, wird meine seit Jahrzehnten erlebten Kulturreisen an die Côte d'Azur mögen. Von Cocteau in Menton über Picasso in Antibes bis Signac in Saint-Tropez – die sorgfältig ausgewählten Museen und Kulturhighlights bringen Inspirationen und Anregungen entlang der Küste Südfrankreichs. Seit dem 18. Jahrhundert ist die Côte d'Azur ein beliebtes Urlaubsgebiet der Franzosen und Touristen aus der ganzen Welt.

Der Name Côte d'Azur ist eine Erfindung des Dichters Stéphen Liégeard, der 1887 ein Buch mit dem Titel La Côte d'Azur veröffentlichte. Die Côte d'Azur ist nach azurblauem Wasser benannt. Im Englischen wird die Bezeichnung French Riviera verwendet.

Erleben Sie die unvergleichliche Schönheit und Vielfalt der Côte d'Azur, wo das azurblaue Meer auf die strahlende Kultur trifft. Jeder Besuch an der French Riviera verspricht unvergessliche Momente und bereichert Ihre Sinne mit Kunst, Kultur und dem blauen Traum.

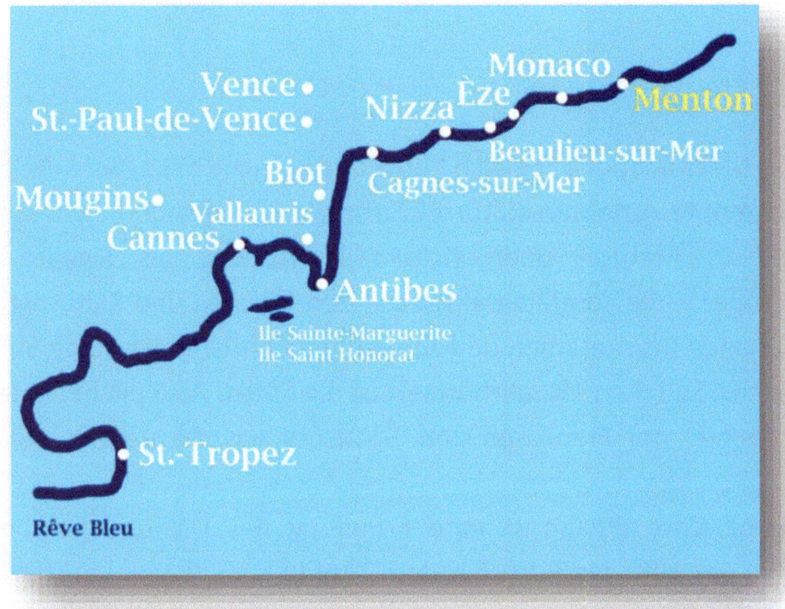

TOP-Kulturerlebnisse an der Côte d'Azur

Menton

Der erste Ort nach der italienischen Grenze heißt Menton. Die Stadt
ist berühmt für ihre Zitronen, ihre Parks und Gärten sowie ihre male-
rischen, bunten Häuser. Hier befindet sich das Cocteau-Museum - ein
moderner Bau direkt am Strand neben dem Rathaus.

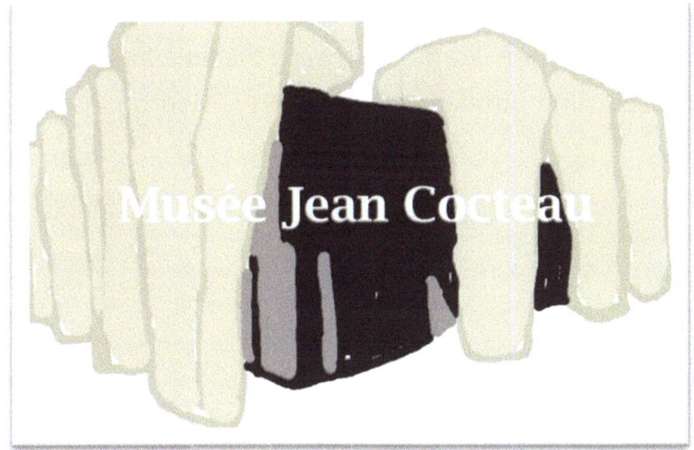

Illustration: Aussenansicht Museum Cocteau

Das Cocteau Museum ist dem französischen Surrealisten
Jean Cocteau (1889 - 1963) gewidmet, einem Multitalent.
Er war ein bedeutender Schriftsteller, Maler und Filmregisseur.
Das Museum wurde 2011 nach den Entwürfen des französischen
Architekten Rudy Ricciotti erbaut, einem Vertreter der
"hedonistischen Architektur". Das Ergebnis ist absolut
beeindruckend. Pierre Bergé, Partner des verstorbenen Yves
Saint Laurent, war Förderer des Baus des Museums.
In der nahegelegenen Bastion, einer kleinen Festung aus dem Jahr

1619 mit Blick auf das Mittelmeer, befindet sich das ursprüngliche Cocteau Museum, welches er miteingerichtet hat. Hier kann man weitere Werke des Künstlers besichtigen.

Der Cocteau-Saal im Rathaus von Menton ist bis heute ein beliebter Ort für Hochzeiten. Jean Cocteau hinterließ in Menton einen unauslöschlichen Eindruck, der die Stadt bis heute prägt. Seine Werke und sein Einfluss sind allgegenwärtig, und sie tragen dazu bei, die kulturelle Identität dieser charmanten Stadt zu formen. Während Sie in die Welt von Cocteau eintauchen, können Sie auch die kulinarische Vielfalt und Delikatessen rund um die weltberühmten Menton-Zitronen genießen.

Blick auf Cap Martin oberhalb von Monaco

Zwischen Menton und Monaco liegt Roquebrune-Cap-Martin mit dem Museum Cap Moderne und dem Haus E-1027. Für die Museumsführung, die über steile und schmale Küstenwege führt, ist gutes Schuhwerk empfehlenswert. Die kleine, aber spektakuläre Wanderung zum Museum bietet fantastische Ausblicke auf das Meer und auf Monaco.

Illustration: E-1027

Das Museum Cap Moderne mit dem Haus E-1027 von Eileen Gray ist ein Muss für Designliebhaber. E-1027 wurde 1929 von der irischen Möbeldesignerin Eileen Gray (1878 - 1976) entworfen und gebaut. Es ist ein Meisterwerk der modernen Architektur und der Bauhausbewegung. Der Name E-1027 ist ein Code, der die Initialen von Eileen Gray und ihrem Lebenspartner dem Architekten Jean Badovici enthält: "E" für Eileen, "10" für Jean (der zehnte Buchstabe des Alphabets), "2" für Badovici und "7" für Gray.

Der berühmte Architekt der Moderne, Le Corbusier (1887 - 1965), der mit dem Designerpaar befreundet war, entwickelte das Gebiet weiter und hinterließ wichtige Spuren des modernen Designs. Das gesamte Gebiet um E-1027 wurde später zur "Site Moderne" erklärt, einem Gebiet von kultureller und historischer Bedeutung und internationalem Interesse.

Blick auf Cap Martin von Roquebrune

TOP-Kulturerlebnisse an der Côte d'Azur

Design-Maisonette in Roquebrune

Einmal übernachtete ich auf der Halbinsel Cap Martin. Die Wohnung war außerordentlich modern und lag direkt an der steilen Hauptstraße mit einer Außentreppe, die spektakulär steil war. Innen war die Wohnung durchgestylt, mit runden Fenstern, einer Glas-Zwischendecke und eleganten Designelementen – alles im Stil von Le Corbusier. In klaren Linien und strengen Formen, die lichtdurchflutet sind, konnte ich mich im Gestaltungsrausch direkt in die Zeit der beiden Designer zurückversetzen.

TOP-Kulturerlebnisse an der Côte d'Azur

Monaco

Monaco liegt nur 5 km entfernt, und es gibt keine sichtbare Grenze zwischen Frankreich und Monaco. Die Vielzahl an Hochhäusern, Yachten und Luxushotels ist beachtlich. Monaco ist der zweitkleinste Staat der Welt. Auf einer Fläche von 200 Hektar leben etwa 40.000 Menschen, was Monaco zum am dichtesten besiedelten Staat der Welt macht. Als Studentin Anfang der 90er lagen die Hotels in Monaco weit außerhalb meiner finanziellen Reichweite. Trotzdem wollten meine Freunde und ich die Stadt erkunden. Aus Mangel an Geld, aber voller Neugier und Wissbegierde, schliefen wir, was sicher nicht mehr erlaubt ist, in unserem alten Fahrzeug in einer Seitenstraße der Innenstadt von Monte-Carlo. So konnten wir fantastische Sonnenaufgänge sehen und als erste Touristen in der Innenstadt sein. Meine Highlights in Monaco sind:

Place du Casino Monte-Carlo

Die Francis Bacon MB Art Foundation ist eine Stiftung, die ihre Aktivitäten und Forschungen der Kunst, dem Leben und dem kreativen Prozess von Francis Bacon widmet. Sie verfügt über 3.500 Objekte, darunter die größte Sammlung früher Gemälde und Möbel des Künstlers Francis Bacon (1909 – 1992) gehört zu den bedeutendsten gegenständlichen Malern des 20. Jahrhunderts.

NMNM - Nouveau Musée National de Monaco, mit den zwei Standorten: die Villa Sauber und die Villa Paloma. Die Villa Sauber ist eine der letzten Belle-Époque-Villen in Monaco, während die Villa Paloma zu Beginn des 20. Jahrhunderts erbaut wurde. Die Sammlung beinhaltet unter anderem Werke von Lucio Fontana, Andy Warhol und Thomas Ruff. Beide Villen bieten ein eindrucksvolles Ambiente und veranstalten regelmäßig wechselnde Ausstellungen, die zeitgenössische und moderne Kunst präsentieren. Besucher können hier nicht nur Kunstwerke bestaunen, sondern auch die architektonische Schönheit und historische Bedeutung der Gebäude genießen.

Musée Océanographique de Monaco Das Ozeanographische Museum von Monaco befindet sich an einem ins Mittelmeer reichenden Felshang in der Altstadt von Monaco. Das Museum stellt tausende von Meereslebewesen aus. Mit seiner 6.500 Quadratmeter großen Ausstellungsfläche ist es ein Tempel des Meeres und weltweit berühmt. Neben seiner beeindruckenden Sammlung bietet das Museum interaktive Ausstellungsbereiche und Bildungsprogramme, die Besuchern jeden Alters eine faszinierende und lehrreiche Erfahrung bieten.

Illustration Ozeanographisches Museum Monaco

Blick vom Ozeanografischen Museum

TOP-Kulturerlebnisse an der Côte d'Azur

TOP-Kulturerlebnisse an der Côte d'Azur

Èze

Èze ist ein malerisches Dorf. Bekannt für seine mittelalterlichen Kopfsteinpflasterstraßen und seine atemberaubende Aussicht auf das Mittelmeer, zieht Èze Besucher aus aller Welt an. Das Dorf bietet eine reiche Geschichte, charmante Boutiquen, Kunsthandwerksläden und traditionelle provenzalische Restaurants.

Mit meinem Bruder und seiner Familie sind wir oft hinauf durch das mittelalterliche Dorf zum Botanischen Garten gelaufen. Nirgends sieht man das Meer soweit und so spektakulär wie vom Freiluftmuseum von Èze. Hier ist der Botanische Garten angesiedelt. Auf einer Höhe von über 400 Meter, kann man ein Panoramablick vom Cap Ferrat über das Esterel

Im Dorfkern Èze

Massiv bis zum Golf von Saint-Tropez bekommen. Der Himmel und das Meer reichen sich die Hand und tauchen alles in Türkisblau ein.

Nach dem Zweiten Weltkrieg hat Jean Gastaud, der Errichter des Exotischen Gartens in Monaco, in ÈZE einen fantastischen exotischen Garten angelegt. Das Gelände ist durch das Revère-Plateau gut vor den Nordwinden geschützt und ist ein perfekter Ort für die Anpflanzung von Sukkulenten wie Kakteen, Agaven und Aloen. Während der Belle Époque machten die ersten Touristen in dieser Gegend den beschwerlichen Aufstieg vom Meer zu den Ruinen der Burg, um den außergewöhnlichen Aussichtspunkt zu genießen.

Blick auf den Hafen von Monaco vom Jardin du Casino

Die Statuen des Künstlers Jean-Philippe Richard, machen den Garten zu einem Freilichtmuseum. Seine Erdfräulein heißen Chloé, Justine, Charlotte, Anaïs, Rose des vents oder auch Barbara und hängen zwischen Himmel und Erde.

Illustration Botanischer Garten Jardin Exotique d'Èze

TOP-Kulturerlebnisse an der Côte d'Azur

TOP-Kulturerlebnisse an der Côte d'Azur

Beaulieu sur Mer

Direkt nach Èze liegt im wahrsten Sinne des Wortes der schöne Ort Beaulieu sur Mer. Ich kann jedem Kunst- und Kulturfreund nur raten, einen Besuch in Beaulieu einzuplanen. Der Ort ist malerisch und von seinem Strand aus blickt man auf zwei Highlights der Kulturgeschichte. Die Villa Kérylos und die Villa Rothschild.

Illustration Blick auf Villa Kérylos

Die Villa Kérylos, eine 1908 nach antiken Vorbildern gestaltete Villa, die der französische Architekt und Archäologe Théodore Reinach erbauen ließ, ist heute ein Museum. Die Villa liegt direkt am Meer an der Spitze der Bucht von Beaulieu und besitzt einen wunderschönen Garten. Man betritt sie und wird verzaubert von der Aussicht auf das Meer, den Booten, den Pflanzen, den Bäumen, dem Duft des Jasmins

23

und der fantastischen griechischen Prachtvilla. Reinach hat hier ein einzigartiges Denkmal für die griechische Antike errichtet, das alle damals verfügbaren technischen Raffinessen beinhaltet. 1966 wurde die Villa Kérylos als Monument historique unter Denkmalschutz gestellt.

Illustration Villa Rothschild

Die Villa Rothschild entstand 1912 nach fünfjähriger Bauzeit im Auftrag von Baronin Béatrice de Rothschild auf der Halbinsel Cap Ferrat.

Das Bauwerk wurde im sogenannten Goût Rothschild „Rothschild-Geschmack" errichtet, ein vor allem im Frankreich des 19. Jahrhunderts beliebter Stil. Das darin beherbergte Museum gibt eine besonders anschauliche Vorstellung davon, dass die Besitzer der Residenz große Liebhaber der Kunst der Belle Époque waren. Die Sammlung ist beeindruckend. Es befinden sich auch eine Reihe von Werken aus dem

Mittelalter und der Renaissance darin. Besonders schön finde ich die vielen aufwändig gepflegten Themengärten, wie zum Beispiel den Spanischen und den Japanischen Garten, den Garten mit vielen Sukkulenten oder den Rosengarten. Die Baronin vermachte die Villa der Académie des Beaux-Arts, die sie 1937 für die Öffentlichkeit zugänglich machte.

Auf dem Weg nach Nizza

TOP-Kulturerlebnisse an der Côte d'Azur

Nizza

Nizza, eine der größten Städte Frankreichs, war einst die Heimat des berühmten Künstlers Henri Matisse. Hier befinden sich sein Wohnhaus und Atelier. Das Matisse Museum liegt auf dem Hügel einer ruhigen Gegend von Nizza, was in dieser quirligen Stadt eine Wohltat ist.

Illustration Aussenansicht Matisse Museum

Henri Matisse (1869 - 1954) zählt mit Pablo Picasso zu den bedeutendsten Künstlern der Klassischen Moderne. Er gilt als Wegbereiter und Hauptvertreter des Fauvismus, der die Loslösung vom Impressionismus propagierte und die erste künstlerische Bewegung des 20. Jahrhunderts darstellt.

Die permanente Kollektion des Museums enthält viele Werke, die Matisse von 1917 bis zu seinem Tod im Jahr 1954 in Nizza geschaffen und dem Museum überlassen hat. In der Sammlung enthalten sind Gemälde, Zeichnungen, Gravuren, Skulpturen und illustrierte Bücher sowie seine berühmten Scherenschnitte.

Nicht weit vom Matisse Museum liegt das Chagall Museum. Das Museum wurde noch zu Lebzeiten von Marc Chagall (1887 - 1985) gegründet und 1973 eingeweiht. Es ist auch unter dem Namen "Musée national message biblique Marc Chagall" bekannt, da es die Serie von siebzehn Gemälden beherbergt, die die biblische Botschaft illustrieren

Illustration Fassade Chagall Museum

und von Chagall gemalt und 1966 dem französischen Staat geschenkt wurden. Marc Chagall persönlich erteilte ausführliche Anweisungen für die Gestaltung des Gartens und bestimmte den Standort jedes seiner Werke im Museum.

Wer Originale von zahlreichen wichtigen Künstlern der Kunstgeschichte sehen möchte, sollte das MAMAC in Nizza besuchen. Das Museum zeigt u.a. Werke von Yves Klein dem Meister der Farbe Blau. MAMAC - Musée d'Art Moderne et d'Art Contemporain ist ein Museum für Moderne Kunst und wurde 1990 eröffnet. Die Sammlung umfasst etwa 400 Werke aus der Zeit seit den 1960er Jahren. Dazu gehören neben Yves Klein auch viele andere renommierte Künstler wie Niki de Saint-Phalle, Andy Warhol und Tom Wesselmann.

In Nizza befinden sich zwei prächtige Villen, die bedeutende Epochen der Kunstgeschichte zeigen: die Belle-Époque in der Villa Masséna und den Barock in der Villa Lascaris.

Das Musée Masséna liegt an der Promenade des Anglais, einer der bekanntesten Stadtpromenaden der Welt, direkt neben dem Hotel Negresco. Seit 1921 präsentiert es Kunst aus der Zeit der Belle Époque sowie die Kunst- und Regionalgeschichte der Côte d'Azur. Die Villa wurde 1902 nach den Plänen des dänischen Architekten Hans-Georg Tersling erbaut. Zum Gebäudekomplex gehört ein großer Park, der nach englischem Vorbild gestaltet ist, jedoch mit mediterranen Pflanzen versehen wurde.

Das Palais Lascaris ist eine aristokratische Villa aus dem siebzehnten Jahrhundert. Heute ist es ein Museum für Musikinstrumente. Es beherbergt eine Sammlung von über 500 Instrumenten, die nach dem Musée de la Musique de la Philharmonie in Paris die zweitwichtigste Sammlung Frankreichs ist.

Ein Besuch auf dem Blumen- und Gemüsemarkt in Nizza ist ein Fest für die Sinne, wo sich die lebendigen Farben und Düfte der Provence wunderschön vereinen.

Marché Aux Fleurs

29

TOP-Kulturerlebnisse an der Côte d'Azur

Cagnes sur Mer

In Cagnes sur Mer hatte ich einmal eine Wohnung gemietet und sie war ideal, um Renoirs Haus zu besichtigen. Das Museum Renoir

Zitronen- und Orangenbäume im Garten vom Renoir Museum

befindet sich in einer sehr idyllischen Villa mit einem schönen Park mit beeindruckenden Orangen- und Zitronenbäumen und Blick auf das Meer. Dort hat der Maler gelebt und gearbeitet.

Auguste Renoir (1841 - 1919) war einer der bedeutendsten französischen Maler des Impressionismus. In seiner Villa empfing er seine Zeitgenossen Henri Matisse, Aristide Maillol, Amedeo Modigliani, Auguste Rodin, Pablo Picasso oder Claude Monet. Pierre-Auguste Renoir starb im Alter von 78 Jahren und hinterließ rund 6000 Werke: Landschaftsbilder, Stillleben, Porträts, Aktbilder sowie Bilder vom Tanzvergnügen und aus dem Familienleben.

TOP-Kulturerlebnisse an der Côte d'Azur

Vence / Saint-Paul-de-Vence

Meine Rêve bleu Museumsroute führt nun in das idyllische Dorf Vence und in das nahegelegene Künstlerdorf Saint-Paul de Vence – zwei malerische Bergdörfer wie aus dem Bilderbuch.

Vence ist berühmt für die Chapelle du Rosaire de Vence (Rosenkranzkapelle von Vence). Die Kapelle von Henri Matisse von 1951, wird als sein Meisterwerk bezeichnet. Schön ist das Blau-Weiße Dach, die Glasfenster und die Innenbemalungen samt Matisse-Lebensbaum.

Illustration Fondation Maeght in Saint-Paul-de-Vence

In Saint-Paul-de-Vence befindet sich das Mekka der Kunstliebhaber und das schönste Museum der Region, die Fondation Maeght.

Die Fondation ist ein Ausstellungsort für moderne und zeitgenössische Kunst mit Skulpturengarten. Die Erbauer das Ehepaar Maeght, waren befreundet mit zahlreichen Künstlern wie Miró, Picasso, Giacometti, Braque, Calder, Léger oder Chagall. 1964 gründeten sie eine Stiftung, um einen Teil ihrer Sammlung dort auszustellen. In Zusammenarbeit mit Künstlern wie Joan Miró und Georges Braque entstand ein Gebäudeensemble, das sich wunderbar in die mediterrane Landschaft einfügt. Die Stiftung besitzt eine beeindruckende Anzahl von Meisterwerken, darunter Skulpturen von Alberto Giacometti, Werke von Joan Miró sowie Werke von Alexander Calder, Fernand Léger, Marc Chagall, Wassily Kandinsky, Antoni Tàpies und vielen anderen mehr. Die integrierte Bibliothek ist für das Publikum täglich geöffnet. Sie bietet mehr als 30.000 Bände über moderne und zeitgenössische Kunst. Die Sammlung, die über 10.000 Werke umfasst, sowie die thematischen Ausstellungen oder Retrospektiven, die von der Fondation organisiert werden, ziehen jedes Jahr Besucher aus der ganzen Welt an.

Ein Verweilen in Saint-Paul-de-Vence ist immer wieder schön. In einem der Jahre habe ich mir dort einen einwöchigen Aufenthalt erlaubt. Der Morgen begann mit einem Marsch zum Dorf und ein Frühstück im Café de la Place. Ein Café mit Boule-Platz. Die Liste der Künstler, die dort sowohl Boule gespielt haben als auch Gäste im Café waren, ist sehr lang. Der betörende Duft von Jasmin lag überall in der Luft, während die weiche, warme Brise die Sinne verwöhnte. Das einzigartige Licht der Côte d'Azur, von Künstlern oft versucht, in ihren Bildern festzuhalten, entfaltet sich hier in besonderer Schönheit.

Künstlerdorf Saint-Paul-de-Vence

TOP-Kulturerlebnisse an der Côte d'Azur

TOP-Kulturerlebnisse an der Côte d'Azur

Biot

Auf dem Weg von St. Paul de Vence nach Antibes liegt das kleine malerische Dorf Biot und ist nur 4 km von der Küste entfernt.

In einem parkähnlichen Garten steht das Léger Museum. Fernand Léger (1881 - 1951) war ein bedeutender Abstraktionskünstler.

Illustration Fernand Léger

Das Museum beherbergt die weltweit größte Sammlung von Werken von Léger, darunter Gemälde, Zeichnungen, Keramiken, Skulpturen, Glasfenster und Wandteppiche. Sie stammen aus allen Phasen seiner Schaffenszeit vom Impressionismus zum Kubismus bis hin zum Vorläufer der Pop Art. Die Umrundung des Museumsgebäudes lohnt sich, da an den Wänden riesige, bunte Mosaike zu sehen sind. Neben zahlreichen Gemälden schuf Léger vor allem auch monumentale Kunst. So war er für die Dekoration des UNO-Gebäudes in New York aktiv.

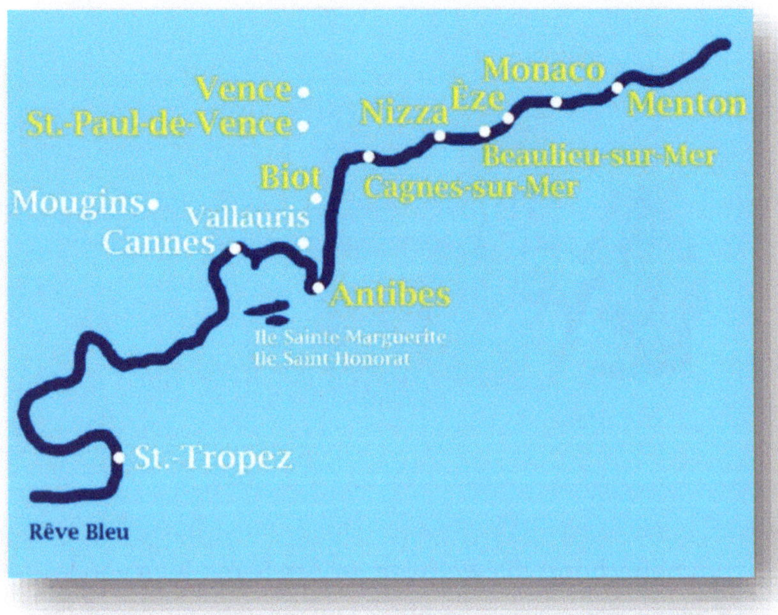

TOP-Kulturerlebnisse an der Côte d'Azur

Antibes

Antibes ist eine der ältesten Städte an der Côte d'Azur, sie wurde um 340 vor Christus von den Griechen gegründet.

Das Picasso Museum in Antibes befindet sich in einem Schloss in der Altstadt und direkt am Meer.

Illustration Picasso Museum Antibes

1946 hatte Picasso hier sein Atelier und schenkte der Gemeinde 23 Bilder, die im Museum entstanden sind. Er wurde später Ehrenbürger

Illustration Picasso

von Antibes. Ein erhabenes Gefühl bekomme ich jedes Mal, wenn ich das Porträtfoto von Picasso am Picasso Museum in Antibes sehe. Ich denke, er lebt noch und kann jederzeit um die Ecke kommen und erzählen von der Zeit im Krieg und danach. Wie er die Frauen verführt hat und wie seine Kunst entstanden ist. Seine kindliche Verschmitztheit und die Leichtigkeit, die er ausstrahlt, haben etwas Mystisches, das diese Küste auch ausstrahlt. Das Hobby-Malen war für mich immer ein wunderbares Ventil, um Eindrücke und Erlebnisse zu verarbeiten. Die meisten meiner Bilder wurden von der Küste des Lichts und dem blauen Farbenspiel der Côte d'Azur inspiriert. Picasso war dabei mein Vorbild.

In Antibes befindet sich auch die Fondation Hartung-Bergmann, in einer schönen Villa mit vielen Olivenbäumen. Hans Hartung (1904 – 1998) war ein bedeutender deutsch-französischer Maler und Grafiker des 20. Jahrhundert. Er bewohnte die Villa mit seiner Ehefrau, der norwegischen Malerin und Grafikerin Anna-Eva-Bergmann (1909 – 1987). Das künstlerische Schaffen des Ehepaars wird hier dokumentiert.

Antibes

TOP-Kulturerlebnisse an der Côte d'Azur

TOP-Kulturerlebnisse an der Côte d'Azur

Vallauris

Illustration Picasso

Unweit von Antibes liegt das Künstlerdorf Vallauris. Bereits seit dem 16. Jahrhundert ist Vallauris durch die Herstellung von Keramik bekannt. Hier findet regelmäßig die Biennale Internationale de Céramique Contemporaine statt. Im Jahr 1948 kam Pablo Picasso und schuf hier sein Meisterwerk Krieg und Frieden.

Das Werk ist im Nationalmuseum Pablo Picasso La Guerre et la Paix (Krieg und Frieden) zu bewundern. Auch DIE WELT als Motiv in 4 Teilen hat Picasso auf der Rückseite einer Kapelle hier angebracht. Seine Bronzestatue Mann mit dem Schaf aus dem Jahr 1950 ist auf dem Marktplatz von Vallauris aufgestellt

TOP-Kulturerlebnisse an der Côte d'Azur

Mougins

Hier in Mougins, befindet man sich immer noch auf den Spuren von Picasso, wo der große Künstler seine letzten Jahre vor seinem Tod verbrachte. Dieses wunderschöne Künstlerdorf wirkt wie gemalt. Der weite Blick auf das unberührte, bewaldete Naturschutzgebiet mit der größten Lotuskolonie Europas und über 70 Vogelarten ist jedes Mal ein Genuss.

Im Zentrum des alten Dorfes Mougins befindet sich das Centre de la photographie de Mougins. Das ehemalige große Pfarrhaus wurde zu einem modernen Ausstellungsgebäude umgebaut und 2021 eröffnet. Das Museum beinhaltet u. a. die Sammlung von Fotografien von André Villiers (1930 – 2016) der viele Porträts von Picasso und seinen Künstlerfreunden geschaffen hat.

Illustration Mougins

TOP-Kulturerlebnisse an der Côte d'Azur

Cannes

Cannes ist die mondänste Messe- und Kongressstadt der Welt, sage ich immer. Sie ist sehr geschäftig und hat die schönste Einkaufsstraße der Côte d´Azur. Cannes von lateinisch canna ‚Schilf' war immer ein Zentrum der Zeitgeschichte gewesen.

Bucht von Cannes

Hier sind einige Eckdaten:

- 1815: Napoleon Bonaparte lagert auf seiner Rückkehr von Elba bei Cannes
- 1834: Der ehemalige britische Lordkanzler Henry Brougham entdeckt Cannes als Erholungsort
- 1838: Bau des Alten Hafens
- 1868: Bau der Croisette, die berühmte Flaniermeile
- 1912: An der Croisette entstehen die großen mondänen Luxushotels
- 1946: Die ersten Internationalen Filmfestspiele von Cannes finden statt

Strandrestaurant an der Croisette in Cannes

TOP-Kulturerlebnisse an der Côte d'Azur

Karussell an der Croisette

In Cannes war ich im Alter von 20 Jahren als begeisterte Cineastin mit einem Freund und seinem alten Mercedes das erste Mal. Die Filmfestspiele im Mai waren unser Ziel. Cannes ist ein Ort zum Träumen. Auch ich habe dort eigene Träume gesponnen. Ich träumte vom Savoir-vivre, vom Blumenkauf auf dem Markt, mit einer Korbtasche in der Hand, ganz wie Jane Birkin. Ich träumte von eleganten Tüchern à la Grace Kelly und von einem Leben, das erfüllt ist von französischer Musik, wo die Chansons traurig-schön klingen und niemals zu enden scheinen.

Es gibt viele Erinnerungen und Fotos in Cannes. Die Stadt blieb sich über die Jahre immer treu: sehr mondän.

Im Stadtteil Le Cannet auf einem Hügel, befindet sich das Museum Bonnard. Wie Giverny für Claude Monet, Nizza für Henri Matisse war Le Cannet ein bedeutender Ort für Pierre Bonnard. Bonnard (1867 - 1947) kaufte 1926 die Villa Le Bosquet und verbrachte dort mehr als zwanzig Jahre. In dieser Zeit malte er seine inspirierenden Gemälde, die Fachleute als seine schönsten Werke bezeichnen.

Illustration Bonard

Bonnard, der aus der Kunstrichtung Post Impressionismus seinen eigenständigen Malstil entwickelt hat, hat mit dem Museum Bonnard eine wichtige kulturelle Institution an der Côte d'Azur erschaffen.

In Cannes gibt es viel zu entdecken. Sehenswert ist das Museum La Malmaison in der Innenstadt, umgeben von den Grandhotels. Das Museum für moderne Kunst organisiert immer wieder spannende Ausstellungen.

TOP-Kulturerlebnisse an der Côte d'Azur

Île de Sainte-Marguerite / Île de Saint-Honorat

Die beiden Inseln vor Cannes heißen Île de Saint Marguerite und Île de Saint Honorat:

Die Île de Sainte-Marguerite mit ihrer beeindruckenden Festung Fort Royal, die über mehrere Jahrhunderte hinweg ein Staatsgefängnis war, ist definitiv einen Besuch wert. Der bekannteste Gefangene, der dort im Jahr 1698 inhaftiert war, war der mysteriöse Mann mit der eisernen Maske, dessen Identität bis heute nicht vollständig geklärt ist.

Die Île de Saint-Honorat beherbergt ein wunderschönes Kloster die Abtei Notre-Dame de Lérins mit ihrem gut erhaltenen Festungsturm. Die Mönche, die dort leben stellen eigenen Wein her. Das Restaurant auf der Insel ist empfehlenswert.

In 15 Minuten kommt man mit der Fähre von Cannes zu den Inseln und kann den Blick auf das Festland genießen.

Strand von Cannes und Blick auf die Inseln

Die Einflüsse der zahlreichen Touristen über die Jahrhunderte, das Exil der Künstler und Literaten sowie die vielen Menschen, die an die

Côte d'Azur kamen, um Inspirationen zu finden, prägen die Region bis heute. Man spürt sie in jeder Gasse, auf den Straßen und in den Gesichtern der Einwohner, im Stolz der Menschen und in ihrer Liebe zur Schönheit. All das verkörpert für mich die wahre Essenz der Côte d'Azur.

Estérel-Gebirge

Théoule sur Mer ist ein kleiner Ort nach Cannes. Hier habe ich zahlreiche Sommer verbracht und die Kunstrouten studiert. Berühmt ist der Ort durch das Pierre-Cardin-Haus Palais Bulles.

Die Küste von Cannes Richtung Saint-Tropez, nimmt jetzt eine rötliche Färbung an. Das Estérel-Gebirge mit seinem roten Gestein bildet eine wunderschöne Kulisse vor dem tiefblauen Meer.

Auf dem Weg von Théoule-sur-Mer nach Saint-Tropez

Vorbei an vielen Orten mit klangvollen Namen wie Fréjus, Saint-Raphaël oder Sainte-Maxime gelangt man nach Saint-Tropez. Dort habe ich viele Jahre später in der Bucht von Saint-Tropez in einem alten Haus im kleinen Ort Les Issambres gewohnt, dass ich Rêve bleu (Der blaue Traum) nannte.

TOP-Kulturerlebnisse an der Côte d'Azur

Saint-Tropez

Saint-Tropez, benannt nach dem Heiligen Torpes, einem Märtyrer, war bis ins 20. Jahrhundert ein einfaches Fischerdorf. Heute ist es ein Magnet für viele Menschen aus der ganzen Welt.

Illustration Signac

Im Musée de l'Annonciade, dem Kunstmuseum direkt am Hafen von Saint-Tropez, werden hauptsächlich Kunstwerke des 19. und 20. Jahrhunderts ausgestellt. Die Kunstsammlung befindet sich in der ehemaligen Kapelle aus dem 16. Jahrhundert.

Einen Schwerpunkt bilden hierbei Werke von Künstlern, die in Saint-Tropez tätig waren oder in der Landschaft am Mittelmeer ihre Motive fanden.

Paul Signac (1863 - 1935) lebte und arbeitete in Saint-Tropez. Er hatte zunächst Claude Monet und die Impressionisten als künstlerische Vorbilder. Später entwickelte er den Pointillismus, einen neuen Stil.

Signac kam 1892 als erster Künstler nach Saint-Tropez, gefolgt von zahlreichen weiteren Künstlern, die ebenfalls den Charme des Ortes schätzten und ihn in ihren Werken festhielten. Pablo Picasso malte hier die Odaliske. Auch Bernard Buffet, Massimo Campigli, David Hockney und viele mehr lebten und arbeiteten in Saint-Tropez.

Sehr schön ist hier das Wahrzeichen von Saint-Tropez La Citadelle. Die Festung oberhalb der Stadt ist ein sechseckiger, wuchtiger Bau aus dem 16. Jahrhundert. Hier befindet sich das Marinemuseum Musée d'histoire maritime, in dem auch die Geschichte Saint-Tropez dokumentiert ist.

Saint-Tropez

TOP-Kulturerlebnisse an der Côte d'Azur

Die Strände im Hinterland von Saint-Tropez auf der Halbinsel sind umgeben von zahlreichen Mythen, Geschichten und einem einzigartigen Lebensstil. Sie haben als malerische Kulissen für Filme gedient und ziehen mit ihrer idyllischen Schönheit Menschen an, die ihre Träume und Fantasien verwirklichen wollen. Hier haben sich Generationen von Künstlern, Prominenten und Lebenskünstlern inspirieren lassen. Hier kann meine Museumsroute enden oder auch beginnen, ebenso wie der immer wieder schöne blaue Traum von der Côte d'Azur.

ADRESSEN DER KULTURHIGHLIGHTS:

TOP-Kulturerlebnisse an der Côte d'Azur

Menton

Musée Jean Cocteau

www.museecocteaumenton.fr

Quai Napoléon III – Bastion du Vieux Port
06500 Menton

Cap Moderne, Eileen Gray et Le Corbusier au Cap Martin

www.capmoderne.monuments-nationaux.fr

Esplanade de la Gare SNCF de Cap-Martin
Roquebrune
Avenue Le Corbusier
06190 Roquebrune Cap Martin

Monaco

Francis Bacon MB Art Foundation - Villa Élise

www.mbartfoundation.com

21 boulevard d´Italie, Monaco

NMNM - Nouveau Musée National de Monaco- Villa Sauber

www.nmnm.mc

17 avenue Princesse Grace, Monaco

NMNM - Nouveau Musée National de Monaco - Villa Paloma

www.nmnm.mc

56 boulevard du Jardin Exotique, Monaco

Musée Océanographique de Monaco

www.musee.oceano.org

avenue Saint-Martin, Monaco

Èze

Jardin Exotique d'Èze

www.jardinexotique-eze.fr

Rue du Château
06360 Eze

Beauliau sur Mer

Villa Kérylos

www.villakerylos.fr

Impasse Gustave Eiffel
06310 Beaulieu-sur-Mer

Villa et Jardins Ephrussi de Rothschild

www.villa-ephrussi.com

1 Av. Ephrussi de Rothschild
06230 Saint-Jean-Cap-Ferrat

Nizza

Musée Matisse

www.musee-matisse-nice.org

164, avenue des Arènes de Cimiez
06000 Nice

Musée national Marc Chagall

www.musees-nationaux-alpes-maritimes.fr

Avenue du Docteur Ménard
06000 Nice

MAMAC – Museum of Modern and Contemporary Art

www.mamac-nice.org

Place Yves Klein
06300 Nice

Musée Villa Masséna

www.nice.fr

65, rue de France
06000 Nice

Musée du Palais Lascaris

www.nice.fr

15, rue Droite
06300 Nice

Cagnes sur Mer

Musée Renoir

www.tourisme.cagnes.fr

19, Chemin des Collettes
06800 Cagnes sur Mer

Vence /Saint-Paul-de-Vence

Chapelle du Rosaire de Vence

www.chapellematisse.com

466 Avenue Henri Matisse
06140 Vence

Fondation Maeght

www.fondation-maeght.com

623 Chemin des Gardettes
06570 Saint-Paul

Biot

Musée national Fernand-Léger

musees-nationaux-alpesmaritimes.fr

255, chemin du Val-de-Pôme
06410 Biot

Antibes

Picasso Museum

www.antibesjuanlespins.com

place mariejol
06600 Antibes

Fondation Hartung-Bergman

www.fondationhartungbergman.fr

173, chemin du Valbosquet

06600 Antibes

Vallauris

Musée national Pablo Picasso, La Guerre et La Paix

www.musees-nationaux-alpesmaritimes.fr

1, Place de la Libération du 24 Août 1944
06220 Vallauris

Mougins

Centre de la photographie de Mougins

www.centrephotographiemougins.com

43, rue de l'Église
06250 Mougins

Cannes

Musée Bonnard

www.museebonnard.fr

16, boulevard Sadi Carnot
06110 Le Cannet

La Malmaison

www.cannes.com/fr/culture/musees-et-
expositions/la-malmaison.html

47, boulevard de la Croisette
06400 Cannes

Île de Sainte-Marguerite / Île de Saint-Honorat

Royal Fort

www.cotedazur.de/sehenswuerdigkeiten/ile-sainte-
maruerite.html

Abtei de Lérins

www.abbayedelerins.com

Saint-Tropez

Musée de l'Annonciade

www.saint-tropez.fr

2, place Georges Grammont
83990 Saint Tropez

La Citadelle de Saint-Tropez – Musée d'histoire maritime

www.saint-tropez.fr

1, montée de la Citadelle
83990 Saint-Tropez

TOP-Kulturerlebnisse an der Côte d'Azur

Künstlerverzeichnis: